AF371139

PLACCART
DV ROY
NOSTRE SIRE.

Sur le faict des Monnoyes.

PLACCART
DV ROY
NOSTRE SIRE.

Sur le faict des Monnoyes.

A BRVXELLES,

Chez la Vefue d'Hvbert Anthoine, Imprimeur ju-
ré de la Cour, à l'Aigle d'or pres du Palais. 1631.

PRIVVLEGE.

SA Majesté ce que dict est consideré, inclinant fauorablement à la supplication & requeste d'*Hubert Anthoine*, dict *Velpius*, Suppliant, luy a octroyé, permis, & accordé, octroye, permet, & accorde de grace especiale par ces presentes qu'il puist & pourra seul à l'exclusion de tous autres imprimer toutes Ordonnances, Edicts, Statuts & Placcarts, qu'au nom de sadicte Majesté seront edictez, statuez, & publiez, en la forme, & selon le stil & langage qu'on les depescera, & iceux vendre & distribuer, ou faire vendre & distribuer en & par toutes les Prouinces & Pays de pardeça, de l'obeyssance de sadicte Majesté, en se reglant, suyuant les Ordonnances dressées ou à dresser sur le faict de l'Imprimerie. Defendant & interdisant sadicte Majesté bien expressement par cestes à tous Imprimeurs, Libraires, & autres quelz qu'ils soient, de n'imprimer ou contrefaire lesdictes Ordonnances, Statuts, Edicts, & Placcarts, ny ailleurs imprimez ou contrefaicts, apporter, vendre ou distribuer és Pays de pardeça, sans l'adueu & consentement dudict Suppliant, soit en vertu de quelque priuilege ou consentement particulier qu'ils ont, ou pourront auoir des Gouuerneurs, Consaux, Prouinciaux, Magistrats, ou d'autres quels qu'ils soient, à paine de confiscation & perte des exemplaires; & par dessus ce de trois florins Carolus d'amende pour chacun exemplaire qui sera esté imprimé ou vendu, applicable la moictie au prouffict de sadicte Majesté, & l'autre moictie audict Suppliant. Si ordonne sadicte Majesté aux Chef, Presidens & gens de ses Priué & grand Conseils, Presidens & gens de ses Consaux Prouinciaux de Luxembourg, Flandres, Artois, & Namur, grand Bailly de Hainnau, gens de son Conseil à Mons, Gouuerneur de Lille, Douay, & Orchies, Bailly de Tournay & Tournesiz, Preuost le Comte à Valenciennes, Escoutette de Malines, & à tous autres ses Iusticiers, Officiers, & subjects qu'il appartiendra. Ensemble à tous Imprimeurs & Libraires residens soubs son obeyssance de selon ce eux reigler & conduire sans aucune difficulté, car son plaisir est tel. Faict à Bruxelles soubs le Cachet secret de sadicte Majesté, cy mis, le neufiesme jour du mois d'Aoust. 1625. Ma. Vt.

E. DE BERTI.

Et au Conseil de Brabant,

Signé

DE VVITTE.

PHILIPPE par la grace de Dieu, Roy de Castille, de Leon, d'Arragon, des deux Siciles, de Hierusalem, de Portugal, de Nauarre, de Grenade, de Tolede, de Valence, de Galice, des Maillorques, de Seuille, de Sardaigne, de Cordube, de Corsicque, de Murcie, de Iaen, des Algarbes, d'Algezire, de Gibraltar, des Isles de Canarie, & des Indes, tant Orientales qu'Occidentales, des Isles & terre ferme de la mer Occeane, Archiduc d'Austrice, Duc de Bourgoigne, de Lothier, de Brabant, de Lembourg, de Luxembourg, de Gueldres, & de Milâ, Comte de Habsbourg, de Flandres, d'Arthois, de Bourgoigne Palatin, de Thirol, de Hainnau, de Hollande, de Zelande, de Namur, & de Zutphen, Prince de Zvuaue, Marquis du St. Empire de Rome, Seigneur de Frize, de Salins, de Malines, des Citez, Villes & Pays d'Vtrecht, d'Oueryssel & de Groeninge, & Dominateur en Asie & en Affrique. A tous ceux qui ces presentes verront salut. Combien que tous debuoirs que l'on à estimé pouuoir seruir pour faire cesser le desordre qu'il y auoit au faict des Monnoyes & remectre sur l'obseruance des Placcarts sur ce edictez ayent esté faictz tant par republication d'iceux Placcarts en tous lieux de nostre obeyssance, en vn mesme jour, que par les rencharges données à noz Consaux, Fiscaux & Magistratz des Vil-

A 2　　　　les

les de pour ce faire exactement ce que leur estoit en-
joinct par lesdicts Placcarts. Neantmoins auons esté
aduertiz qu'en plusieurs lieux signammét en noz Prouinces Valones, & és Villes de Flandres voisines, non
seulement nosdicts mandemens n'ont esté obeiz, ains
en vilipendence d'iceux, le prix des especes d'or & d'argent y est accreu de plus en plus. Pour à quoy remedier
auons esté meuz d'enuoyer Commissaires esdictes Villes, aux despens d'icelles, lesquels ont trouué que pour
excuse dudict desordre, s'allegue que les Maistres particuliers de noz monnoyes auroient reçeu les vielz pattacons, & payez pour iceux quarante nœuf solz, & aussi
reçeu les reaux d'argent d'Espaigne, Mexico, & Peru, à
plus haut pris qu'ilz ne sont eualuez par lesdicts Plac-
cats. De quoy a esté faict rapport en noz Conseils Priué & des Finances. Et ores que les allegations ne puis-
sent excuser lesdicts contrauentions & desordre. Si est
ce, que desirant nostre intention estre plainement co-
gnue.

I.

Declarons n'auoir esté loisible, ains interdict, & in-
terdisons de nouueau aux maistres particuliers de noz
monnoyes & aux changeurs de receuoir aucunes especes d'or ou d'argent pernuises & eualuées par nosdicts
Placcarts, ne fut qu'elles soyent rongées ou tellement
legieres qu'elles soyent tenues billon.

Si

II.

Si interdifons en conformité de noz Placcarts precedens à toutes perfonnes de bicqueter aucunes efpeces
d'or ou d'argent ja forgées, ou que cy apres l'on pourra
forger en noz monnoyes de pardeça, ou autres permi-
fes, pour en tirer les fortes à leur aduantaige les refon-
dant, reuendant ou tranfportant de ces pays, & y effeil-
ler les foibles, à l'intereft du public, à paine de confifcation defdicts efpeces, & que, tant celuy qui les aura
refondu, vendu, ou tranfporté, que celuy qui les aura
achapté, feront pour la premiere fois condamnez au
double de la valeur defdictes pieces, & pardeffus ce
fufpenduz l'efpace de fix mois de leur traffic, ftil ou
meftier, & s'ilz y retombent la feconde fois, ilz feront
pardeffus ladicte confifcation condamnez au quadruple de ladicte valeur, & outre ce bannis des pays de noftre obeyffance le temps de trois ans.

III.

Et fi lefdicts maiftres particuliers de noz monnoyes
ou changeurs fermentez s'oubliaffent fi auant que de
receuoir féblables efpeces bicquetées, foit par marcqz
ou par pieces, en donnant aduance pardeffus le pris
eualué par nofdicts Placcarts, auons ordonné & or-
donnós, que pardeffus lefdictes confifcations & amende ilz feront priuez de leurs offices.

A 3   De

IV.

De mesmes peines seront puniz les Gardes & Contregardes de nosdicts monnoyes, ayans permis semblable recepte.

V.

Et à fin d'estre bien & deüement informé, s'il est vray ce que plusieurs de nosdicts villes ont allegué que les maistres particuliers de noz monnoyes auroiét donné auantaige pardessus le pris ordonné pour aucuns pattacons, ducatons, ou autres especes d'or ou d'argent forgées pardeça depuis l'an 1612. lors que feu nostre bon Oncle l'Archiduc Albert (de glorieuse memoire) a institué le pied desdicts monnoyes que l'on obserue encores presentemét sans que depuis y ait esté faicte quelque deterioration, comme à tort ont maintenu aucunes desdictes villes. Et pour monstrer combien nous auons à cœur la punition de tel mesuz s'il estoit trouué auoir veritablement esté commis, auons promis & promettons par ceste recompense de mil florins à celuy qui denoncera & pourra verifier qu'aucun maistre particulier de nosdicts monnoyes auroit reçeu par marc ou par piece aucuns desdicts pattacons, ducatons, ou autres especes d'or ou d'argent, forgées pardeça depuis ledict an 1612. en donnant aduance pardessus le pris de l'eualuation desdicts Placcarts, ou qu'il les auront refondu ou deterioré.

La-

VI.

Laquelle somme de mil florins sera payé audict denonciateur par les generaux de nosdicts monnoyes, ou par l'Officier auquel il aura faict ladicte denonciation, aussi tost que le faict sera deüement verifié, & ce par-dessus le tiers des confiscations & amendes qu'en resulteront au prouffict dudict denonciateur.

VII.

Dauantaige encores qu'il y a eu notables considerations pour lesquelles par les Placcarts precedens les reaux d'Espaigne de huict ont esté eualuez à quarante six solz, & ceux de Mexico & Peru à quarante cinc solz seulement. Neantmoins pour retrencher tout pretexte d'excuse & de difficulté d'obseruer nosdicts Placcarts, auons ordonné & ordonnons que depuis la publication de ceste en auät lesdicts reaux d'Espaigne de huict estans du poix porté en nosdicts Placcarts precedens auront cours pour quarante huict solz la piece, & ceux de Mexico & Peru pour quarante sept solz , ceux de quatre & de deux reaux à l'aduenant.

VIII.

Declarant billon ceux qui seront de moindre poix, & toutes autres especes d'argent eualuées par nosdicts Placcarts qui ne seront de belle mise , aux paines statuées par iceux Placcarts.

Et

IX.

Et pour faciliter la couſtume de peſer leſdicts reaux, auons ordonné & ordonnons par ceſte auſdicts Generaux de noz monnoyes, de faire faire des poids à ce ſeruans, & pardeſſus ce des autres pour peſer cent pieces, cinquante, vingt cinc, & dix pieces, à fin de pourveoir d'iceux les Comptoirs, tant des receptes que des marchans & negotians.

X.

Dauantaige comme nous ſommes informez qu'en aucunes de noz Villes d'Artois, Douay, Cãbray, & autres lieux ont prins cours certains doubles & ſingles deniers de cuiure, tant du coing du Roy de France que de la Princeſſe de Conti & autres contrefaicts, leſquelz y ſont apportez en grande quantité au detrimét de noz pauures ſubjectz. Nous voulons en conformité de noz Ordonnances precedentes, que contre ceux qui ſeront conuaincuz d'auoir apporté ou fait apporter en noſdicts pays en bales, tonneaux ou autrement, quelque quantité de telle monnoye de cuiure; ſoit procedé à la confiſcation d'icelle, & condemnation du decuple de la valeur, & que l'auteur, s'il eſt demeurant pardeça, ſoit banny de noz pays pour cinc ans, & s'il eſt eſtranger, qu'il ſoit foüetté & banny de noſdicts pays à touſjours, comme auſsi les chartiers & autres qui ſciemmét les auront ammené & fait entrer en noſdicts pays.

Et

Et ceux qui aurõt donné ou reçeu lefdicts deniers de-
fenduz payeront pour chacune piece vn florin d'amende pour la premiere fois,& pour la feconde feront outre
ladicte amende pecuniaire puniz arbitrairement.

XI.

Et comme nous fommes aufsi informez que le fur-
hauchement des efpeces d'or & d'argent eualuez pro-
cede en partie des orpheures, lefquelz n'ayans aucune
inftruction ou ferment s'entremectent à changer toutes fortes d'efpeces & billons à leur difcretion, foubz
pretexte que par aucuns noz Placcarts leur eft permis
qu'ilz pourront achapter des matieres d'or ou d'argent,
dont ilz auront befoing pour leallement exercer leur
meftier en conformité de l'Ordonnance faicte en ce
regard. Pour en ce declarer noftre intention auons de-
fendu & defendons bié expreffement à tous orpheures
& autres d'achapter ou changer és pays de noftre
obeyffance aucunes efpeces d'or ou d'argent declarées
billons, fans eftre authorifez par lettres & inftructions
defdicts Generaux de noz monnoyes , & fur ce auoir
faict le fermét requis, à paine de confifcation defdictes
efpeces ainfi achaptées ou changées , & du double de
la valeur d'icelles pour la premiere fois , & pour la feconde du quadruple & d'autre correction arbitraire.

B   De

XII.

De plus ayant entendu que plusieurs abus se commettent par les orpheures vendans ouuraiges d'or & d'argent endessoubz le pied statué par l'Ordonnance du mois d'Octobre 1608. & par ampliations & moderations prouisionellement accordées au mois d'Auril 1612. Nous auons ordonné & ordonnons que lesdictes Ordonnances & moderations soyent republiées, & que le tout soit punctuellement obserué sans y contreuenir en aucune maniere.

XIII.

Ordonnant aux Generaux de noz Monnoyes de faire au plustost les visites à ce requises conformement à l'article 24. de ladicte Ordonnance.

XIV.

Finablement considerãt que le compte à florins ou liures d'Artois est vsité en noz pays de pardeça, auons pour la commodité & facilité d'iceluy compte, ordonné puis nagueres vn florin nouueau, vn double, & demy florin de mesme bonté intrinsecque que les ducatons & pattacons jusques ores forgez, & que faisons encores forger en nosdictes monnoyes de pardeça.

XV.

Comme aussi à raison du deffaut de menue monnoye auons accordé la fabrication de certaine quantité de pattars nouueaux plus forts en poidz & alloy que

ceux

ceux qui ont efté ordonnez en l'an 1613. & depuis forgez en nofdictes monnoyes de pardeça.

Si donnons en mandemét à noz tref-chiers & feaux
les Chef Prefidens & gens de noz Priué & Grand Con-
feils, Chancelier & gens de noftre Confeil de Brabant,
Gouuerneur & Capitaine General de Lembourg, Faul-
quemont, Daelhem & autres noz pays d'Outremeuze,
Gouuerneur, Prefident & gens de noftre Confeil de
Luxembourg, Gouuerneur, Chancelier & gens de noftre Confeil de Gueldres, Prefident & gens de noftre
Confeil de Flandres, Gouuerneur, Prefident & gens de
noftre Confeil Prouincial d'Artois, Grand Bailly de
Haynnau, & gens de noftre Confeil ordinaire à Mons,
Gouuerneur, Prefident & gens de noftre Confeil de
Namur, Gouuerneur de Lille, Douay & Orchies, noftre Preuoft le Comte à Valenciennes, Bailly de Tournay & du Tournefiz, Efcoutette de Malines, & à tous
autres noz Iufticiers, Officiers & fubiectz qui ce regar-
dera, & chacun d'eux endroict foy, & fi comme à luy
appartiendra, que cefte noftre prefente Ordonnance &
Placcart ilz publient & facent publier par tout és lieux
& limites de leurs jurifdictions refpectiuement, où
l'on eft accouftumé faire criz & publications, & au
furplus la gardent, obferuent & entretienent, facent
garder, obferuer & entretenir en tous fes poincts & ar-
ticles,

ticles , selon sa forme & teneur , procedant & faisant
proceder contre les transgresseurs & desobeyssans par
l'executió des paines & amendes y apposées, sans port,
faueur ou dissimulation , de ce faire & qu'en depend,
leur donnons plain pouuoir, authorité & mandement
especial. Mandons & commandons à tous que à eux le
faisant, ilz obeyssent & entendent diligemment. Car
ainsi nous plaist il. En tesmoing de ce nous auons faict
mettre nostre seel à ces presentes. Donné en nostre Vil-
le de Bruxelles le 5. jour d'Aoust, l'an de grace 1631. Et
de noz Regnes l'vnziesme. Paraphé Boiss. V^t. Sur le re-
ply estoit escript : *Par le Roy en son Conseil*, signé VERREY-
KEN. Et estoit ledict Placcart seellé du grand seel de sa
Majesté en cire vermeille, pendant sur double queüe de
parchemin.